Edouard Drumont

PAR

Albert CROQUEZ

AVOCAT

Directeur de la "Flandre Artiste"

BIOGRAPHIE CRITIQUE

AVEC UN PORTRAIT, UN AUTOGRAPHE

ET SUIVIE DE QUELQUES OPINIONS

PARIS

NOUVELLE LIBRAIRIE NATIONALE

85, Rue de Rennes, 85

—

MCMIX

ÉDOUARD DRUMONT

Edouard Drumont

PAR

Albert CROQUEZ

AVOCAT

Directeur de la "Flandre Artiste"

BIOGRAPHIE CRITIQUE
AVEC UN PORTRAIT, UN AUTOGRAPHE
ET SUIVIE DE QUELQUES OPINIONS

PARIS
NOUVELLE LIBRAIRIE NATIONALE
85, RUE DE RENNES, 85
—
MCMIX

Edouard Drumont

Des murailles couronnées de grands arbres mélan-
coliques, la ligne capricieuse de quelques bicoques,
dont les unes avancent leur façade souriante et fripée,
dont les autres se renfrognent et se cachent, une
allure enfin de petite vieille oubliée, toute ridée,
toute lézardée, en qui foisonnent les souvenirs et
dont l'accueil charme toujours, tel est le passage
Landrieu, où l'on éprouve le bien-être d'une solitude
archaïque et feutrée. C'est, à deux pas des quais, de
la vie pullulante et du Paris turbulent, un lieu de
calme, intime, pittoresque, où l'on peut rêver...
Edouard Drumont y habite depuis de longues années.

Chez lui, de vieux meubles s'entassent, des statuettes de prix, de luxueuses éditions, des bibelots rares et authentiques... Mais il n'y a là nul bric-à-brac : qu'on remarque la tapisserie, l'or vieilli des murs, la simplicité, la tiédeur d'âme partout éparses, et ce lierre, entrevu au fond du jardinet et qui met du recueillement sur la maison, qui lui donne un air pieux et grave ! Tous ces objets divers ont fait un long séjour, par quoi ils ont eu le temps de s'harmoniser. Nous ne sommes pas chez un « collectionneur » : fripier qui achète toujours, sans avoir le loisir de revendre jamais ! Tout nous indique un ami tendre et sincère des choses disparues.

Ici, je reconnais un fidèle, non pas seulement de ce qu'on appelle le Passé, mais bien plutôt de ce que nos bonnes grand'mères nomment, en tremblant de la voix, le « temps passé », le « bon vieux temps », — cet appendice au grand livre de l'Histoire, ce supplément que l'on n'écrit pas, mais que l'on raconte, où vivent et s'émeuvent, avec mille gentillesses, les Morts d'hier... Chers souvenirs, usages surannés, exquises historiettes, bibelots, — toutes fleurs qui se fanent au fond d'un tiroir et qui n'ont besoin, pour resurgir, que de la gouttelette de rosée vivifiante qu'est une larme de poète...

Mais là-bas, dans la bibliothèque, les livres s'accumulent, multicolores et protéiformes ; instruments d'un travail quotidien, ils sont étiquetés, soigneusement classés, en ordre parfait, comme des armes qu'il faut toujours tenir prêtes. Ils nous évoquent, maintenant, la vie ardente et combative du Maître ; ils nous rappellent l'invraisemblable gageure, l'aventure fantastique de cet humble journaliste, simple homme du peuple, riche seulement de talent, — et c'est de quoi mourir de faim, — trouvant à peine un éditeur et écrivant une œuvre qui, tirée à plus de deux cent mille exemplaires, est traduite dans toutes les langues et lue dans le monde entier !

Qu'il le veuille ou non, le poète de *Mon vieux Paris* est devenu, pour la grande masse des lecteurs, l'auteur de la *France juive*. Il connaît d'éclatants triomphes et l'apothéose en Algérie, où tout un peuple l'acclame. Plusieurs millions de cœurs français battent à l'unisson du sien. Il est de toutes les batailles, lui qui aurait aimé méditer toute sa vie entre ses vieux meubles et ses chers bibelots ; il a des duels fameux, de retentissants procès. Il demandait à l'Art son plaisir, délicat et paisible et le voilà qui taillade à coups de plume les plus solides réputations de ce temps ! Il mène, ce poète, ce doux, ce sensitif, une vie frénétique et guerrière, de fièvre et de tumulte !... « J'ai fait un sacrifice à ma cause, lisons-nous dans *« de l'Or »*, j'ai fait violence à toutes mes habitudes et à tous mes goûts en fondant un journal ».

Il aurait voulu avoir le temps suffisant pour écrire très peu, en pensant très longuement ; et il publie des articles presque quotidiens, qui, mis à bout, feraient une longueur de plus de cinq kilomètres !

C'est tout à fait malgré lui que le plus grand journaliste de ce temps fait du journalisme...

~~~~~~~~~

I

L'ŒUVRE

Edouard Drumont est né à Paris en 1844. Il est berrichon par sa mère, et nous trouvons son grand père maternel, nommé Buchon, épicier à Bourges ; son oncle, Alexandre Buchon, est le savant auteur des *Mémoires et Chroniques sur l'histoire de France* et du *Panthéon littéraire* ; Barrès lui a consacré un chapitre exquis dans le *Voyage de Sparte*, et Drumont lui-même nous l'a présenté en ces termes : « Il fut un grand historien national, qui a fouillé toutes les archives de l'Europe et évoqué, dans le domaine de l'érudition, avec toute sa beauté épique, le « geste » français au Moyen-Age. C'est lui qui a reconstitué les chevauchées presque fabuleuses de ces petits châtelains de l'Ile-de-France qui devinrent
~~~~~~~~~

ducs d'Athènes ou marquis de Sparte et rattachèrent le cycle héroïque français au cycle homérique. »

Il est, par son père, d'origine flamande. M. Paul Lafargue, dans l'*Humanité*, a cru spirituel de le revendiquer pour un de ses coréligionnaires, et l'a qualifié de « renégat juif ». Il en est que cette ruse de guerre pourrait peut-être amuser, si elle n'était devenue d'une décevante banalité : les Juifs ont accoutumé de reconnaître comme des leurs les plus déterminés de leurs adversaires ; le procédé n'est pas étonnamment loyal ni même élégant, mais il peut ne pas être malhabile. Ainsi, MM. Maurice Barrès et Léon Daudet ont eu leur tour : Drumont est en bonne compagnie.

La vérité est qu'un Claude Drumont fut garde des bois du Roi de la paroisse d'Escaupont (Nord) ; il naquit à Sepmeries en 1686 et mourut à Escaupont en 1742 : c'est de lui que descend, en ligne directe, l'auteur de la *France juive*. Ce Claude Drumont, marié en effet, à Marie-Françoise Sénéchal, a pour fils, Étienne, garde des bois de Sa Majesté. D'Étienne et d'Anne-Marie Rousseau, naît, le 8 juin 1745, à Escaupont, Jacques-Joseph, qui épouse en premières noces Marie-Thérèse Pique, fileuse, et en secondes noces Charlotte Hérenguet ; il décède à Lille, le 20 octobre 1820. Son fils, Maximilien-Joseph Drumont, né à Lille en 1786, et marié à Angélique-Louise Ivoy, y décède en 1865 ; c'est le type de ces artisans d'autrefois, moitié ouvriers et moitié artistes : il est peintre en armoiries pour voitures et peintre sur porcelaine. Son fils Adolphe, né à Lille le 17 octobre 1811, et père d'Édouard Drumont, devient sous-chef de bureau à la Préfecture de la Seine, et meurt le 19 novembre 1870.

La petite maison qu'habitait, à Lille, le grand-père Drumont, rue du Pont-à-Raisnes (1), fut vendue, en 1871, à MM. Bernard, industriels, et dans l'acte de vente passé dans l'étude de M⁰ Deledicque, notaire à Lille, on trouve la preuve que ces immeubles avaient été recueillis de père en fils dans des héritages successifs remontant à Jacques-Joseph Drumont, né à Escaupont en 1745, et décédé à Lille, rue de la Monnaie, en 1820.

Édouard Drumont est donc d'origine bien française ; il appartient à une de ces familles terriennes et plébéiennes qui, après avoir vécu pendant des siècles dans l'ordre, le devoir et la vertu, produisent un être plus intelligent, plus fin, plus énergique que les autres, en qui s'allient le plus harmonieusement les caractères de la race. Il est la vivante démonstration de cette parole de Blanc de Saint-Bonnet : « Un grand homme est un produit mérité par les aïeux. »

On trouvera sur sa jeunesse, dans *Dernière Bataille*,

---

(1) « Raisne » est un mot lillois qui veut dire : grenouille.

des souvenirs et des anecdotes, contés avec cet humour, cette simplicité touchante, cette précision volontiers goguenarde qui caractérisent sa manière : notes de collège, amitiés ensevelies, menues aventures de la vie quotidienne, tout cela est délicieusement rapporté sur un ton où le badinage cache mal une émotion.

Puis il a, comme quelques autres littérateurs, comme notre cher et admirable Huysmans, commencé sa carrière dans un bureau : à l'Hôtel-de-Ville. Mais il y est resté six mois seulement et, à dix-huit ans, il se fait journaliste. Il collabore au *Moniteur du Bâtiment*, à la *Presse Théâtrale*, à la *Chronique Illustrée*, à d'autres publications, peu importantes et peu vivaces. Puis, à la suite d'un article qu'il avait écrit sur lui, il reçoit d'Émile de Girardin, directeur de la *Liberté*, ce mot : « Venez me voir ; la *Liberté* a besoin de vous. »

A la *Liberté*, il fait de tout : du reportage, des chroniques littéraires, des études d'art, et même la « dernière heure » au Corps législatif. C'est ce qui m'incline à penser qu'il avait, plus qu'il ne se plaît à le dire, la vocation de journaliste. Le vrai journaliste n'est pas celui qui se spécialise, toute sa vie, dans un genre d'articles nettement défini ; c'est celui qui sait s'adapter aux circonstances, dont l'esprit est docile et la verve féconde ; c'est un homme qui sait beaucoup de choses et qui a l'air d'en savoir davantage encore. Artiste le matin et, le soir, sociologue, tantôt diplomate et tantôt érudit, excellant aux formules claires et précises, il possède les vertus essentielles d'un tas de professions, que son humeur prime-sautière, sa vanité d'homme de lettres et quelque nonchalance l'empêcheront toujours d'exercer : le vrai journaliste sort rarement de sa profession. Il faut modifier ainsi le mot de Jean de la Bruyère : « Le journaliste peut être important, mais il ne veut point l'être. »

Il ne lui est pas interdit pourtant d'avoir des goûts et des préférences. C'est la critique d'art qu'Ed. Drumont affectionnait surtout et il la fit, de 1874 à 1886, à la *Liberté*, où il succéda à Paul de Saint-Victor. Il s'atteste à cette époque un écrivain élégant et souple, épris d'histoire, un chercheur avisé, un de ces excellents journalistes enfin, qui ont toutes les coquetteries du métier, celle notamment de cacher leur science sous la couverture chatoyante de l'Art.

Il fait jouer, au Gymnase, en 1874, un petit acte, léger et amusant : *Je déjeune à midi*, en collaboration avec Aimé Dollfus. Il publie, en 1878, un album sur les *Fêtes nationales ;* en 1879, un roman, le *Dernier des Trémolin ;* en 1880, les *Papiers inédits du duc de Saint-Simon* et le *Journal des Anthoine*, d'après un manuscrit communiqué par Victorien Sardou. C'est de cette époque aussi, de 1879 exactement, que date la première série de *Mon vieux Paris*.

Ainsi, quoique le mot n'existât pas encore, c'est en régionaliste qu'il a commencé son œuvre. Je ne puis d'ailleurs oublier qu'en 1907, il donnait à la *Revue des Flandres* quelques pages, synthétiques et lumineuses, les meilleures peut-être qu'on a écrites, sur le mouvement régionaliste.

Puis, au mois de Janvier 1886, pour se libérer de toute attache, il quitte la *Liberté* et, quelques semaines plus tard, paraît la *France juive*.

— « Je me vois encore, raconte-t-il, par une maussade après-midi d'avril, en face du premier exemplaire de la *France juive*. La joie de la création, l'enfantin plaisir de l'écrivain qui se corrige sur les épreuves et se sourit complaisamment aux bons endroits, n'étaient plus là pour me soutenir. J'éprouvais seulement cette impression de froid dans les os qui saisit l'homme loin de chez lui, en pleine rue, par une pluie glaciale... Quelle apparence que ce livre pût réussir ? Il heurtait tout le monde ; il s'attaquait, sans s'appuyer sur personne, à cette formidable puissance de l'argent, devant laquelle les rois eux-mêmes capitulent ; il traitait en outre de sujets peu faits pour intéresser les lecteurs de *Nana*. Et puis... deux volumes... 1.200 pages ! Cet excellent Marpon avait une façon funèbre de prononcer : deux volumes !... Il demandait ce qui allait nous arriver et il insistait d'un air inquiet : Vous répondez des procès, n'est-ce pas ? »

Magnard signala le livre dans le *Figaro*. M. Charles Laurent, qui joua un rôle peu glorieux dans l'expulsion des bénédictins de Solesmes, et que Drumont avait vigoureusement houspillé, lui envoya ses témoins. Un article et un duel, ce furent à peu près les seules réclames qu'on fit à ce livre, dès son apparition. La presse, par intérêt ou par prudence, peut-être pour les deux choses, garda le silence (1).— « La *France juive*, disait M. Albert Wolff, on n'en parlera plus après le Vernissage... » On en parle encore, et il faut croire que l'ouvrage avait quelqu'opportunité, qu'il traduisait les sentiments et les désirs de plusieurs milliers d'individus...

Son retentissement fut énorme et, pour Drumont, c'est la grande vie de lutte qui commence : embuscades à déjouer, traquenards à éviter, assauts à repousser, offensives à combiner ; partout des colères et des rancunes, mais de solides amitiés aussi. C'en est fini de l'obscure tranquillité d'autrefois, et c'est sans exagération qu'il peut écrire : « Humble écrivain, j'ai reçu plus de menaces de mort qu'un souverain et plus de témoignages d'admiration et de sympathie que Victor Hugo lui-même. »

Les livres de doctrine et de combat se multiplient. C'est, en 1887, la *France juive devant l'opinion* ; en

---

(1) A l'exception cependant de quelques confrères plus généreux et qui ont toujours mis leur talent au service de la cause française : M. Oscar Havard, notamment.

1888, la *Fin d'un monde* ; en 1890, la *Dernière bataille* ; en 1891, le *Testament d'un antisémite* et le *Secret de Fourmies*.

Le 20 avril 1892, paraît le premier numéro de la *Libre Parole*. « Quand je suis quelque temps sans rien publier, expliquait-il, je vois les lettres devenir plus nombreuses : Comment se fait-il que vous ne parliez pas ? A mesure que le temps s'avance, les lettres tournent à l'aigre : Monsieur, avouez qu'il est bien singulier que vous ne parliez plus... On ne m'adressera plus ce reproche et désormais la *Libre Parole* se fera entendre tous les matins. Chaque jour, mes amis et moi, nous parlerons hautement, fièrement, nettement, sans bargouigner, comme il convient à des Français, de tout ce qui intéresse la Patrie. »

Et il faisait sienne la devise que Jeanne d'Arc, à une période critique de notre histoire, avait formulée avec une belle concision guerrière : « Il faut que le sang de France soit maître ! »

Il y a, dans ces polémiques, des lueurs d'épopée et l'on croirait assister parfois à l'une de ces luttes sous Louis XIII, au temps joyeux et brave des Mousquetaires, avec cette différence que l'on se battait alors en famille et qu'en fait de Juifs, il n'y avait en France que quelques usuriers... Ainsi cet incident, soulevé par un capitaine juif, M. Crémieu-Foa, où paraît à l'arrière-plan la noble et chevaleresque figure du marquis de Morès. M. Crémieu-Foa avait écrit à

Drumont : « Monsieur, en insultant les 300 officiers français de l'armée active qui appartiennent au culte israélite, vous m'insultez personnellement. Je vous somme de cesser cette campagne odieuse et je vous avertis que, si vous ne prenez pas ma lettre en considération, je vous demanderai une réparation par les armes. » A quoi Drumont répondit cette lettre, contresignée par Morès et tous les rédacteurs de la *Libre Parole* : « Si les officiers juifs de l'armée française sont blessés par mes articles, que le sort désigne parmi eux le nombre qu'ils. voudront de délégués, et nous leur opposerons un nombre égal d'épées françaises... » Il n'y eut qu'un duel, mais les deux adversaires furent blessés...

C'est le moment aussi des sensationnels procès, celui surtout de Burdeau, que la *Libre Parole* avait malmené ; cet incorruptible, qui eut des obsèques nationales et qu'un juge d'instruction, quelques années plus tard, fut obligé de flétrir dans un document officiel, réclamait 100.000 francs pour réparer son honneur endommagé et poursuivait Drumont. La magistrature fut... ce qu'elle a accoutumé d'être, quand il s'agit de ces Français de deuxième classe, dont parlait le colonel du Paty de Clam au procès Grégori. Édouard Drumont, simple et bon français, était en deuxième classe : il fut condamné à trois mois de prison. Il les fit à Sainte-Pélagie, dans une chambre que le marquis de Morès avait occupée quelque temps avant lui. « Je me trouve très heureux ici, disait-il ; d'ailleurs, moi, j'étais fait pour vivre dans la retraite. »

Écrire est bien ; agir est mieux. En 1890, avec quelques amis, parmi lesquels Jacques de Biez, il fonde la *Ligue Nationale Antisémitique de France*. D'après ses statuts, cette ligue laissait à ses adhérents toute liberté politique et religieuse ; elle s'intitulait une « œuvre de relèvement national, de protection pour la conscience de chacun, d'assistance réciproque et fraternelle ». Elle organisa, à Neuilly notamment, d'enthousiastes réunions ; elle stimula bien des volontés ; elle fut un beau mouvement d'ardeur patriotique.

En 1898, Max Régis, qui menait en Algérie un courageux combat, fit acclamer la candidature d'Édouard Drumont dans une réunion de plus de cinq mille électeurs ; et ces élections d'Algérie sont une des campagnes les plus brillantes de ce temps et montrent à quel point l'opinion publique était avec les antisémites : Drumont part là-bas quelques semaines avant les élections ; il est acclamé à son départ de Paris, ovationné à Marseille. Et il débarque à Alger, le 4 avril ; des délégués l'attendent avec des palmes et des bouquets ; partout les oriflammes claquent au vent ; un peuple frémissant l'accueille et de cinquante mille poitrines sort ce cri, qui n'a cessé de retentir sur tous les points de son passage : clameur de guerre à la fois et de souffrance d'une foule asservie : « A bas les Juifs ! »... Le gouverneur — c'est M. Lépine — s'est calfeutré dans son palais, que des forces militaires considérables gardent... : un simple journaliste vient d'arriver. Il est difficile, après cela, de nier la puissance d'une Idée. « Ce n'est pourtant pas exclusivement pour mon physique, dit-il plaisamment, que tous ces gens sont venus là ! »

Et, de fait, il élève la question électorale au-dessus des basses polémiques; de triomphales réunions sont organisées; la guerre est acharnée de part et d'autre : je veux dire 'entre les antisémites et le Gouvernement. On va jusqu'aux pires violences, et des coups de feu sont tirés contre Drumont, à la sortie d'une réunion contradictoire qui avait eu lieu à Chéragas, près d'Alger.

Le 8 mai, Drumont est élu dans la première circonscription d'Alger, par 11.732 contre 2.328 à M. Samary, et 1.704 à M. Bertrand, opportuniste.

Dans la deuxième circonscription, le candidat antisémite Marchal passe à une belle majorité.

Le 22, au scrutin de ballottage, Firmin Faure est élu à Oran, et Morinaud à Constantine.

L'union s'était faite spontanément, joyeusement, au milieu des acclamations et des fleurs. — « Quand on a eu un triomphe pareil, écrivait Drumont, on a eu le maximum de ce que la Destinée peut donner à un homme. » Et la *Libre Parole* s'écriait : « En un mois, l'antisémitisme avance de cinquante ans ! » Il est vrai que, grâce à l'effort prodigieux accompli par les Juifs quand ils se sont vus menacés, grâce aux moyens dont ils disposent, l'antisémitisme, en apparence du moins, a un peu reculé depuis cette époque...

Est-il besoin de rappeler qu'il a été un des lucides commentateurs de l'Affaire Dreyfus, qu'il a défendu les Congrégations chassées et pillées par la République, que pas un jour il n'a déposé les armes ?

Il reste cependant le lettré délicat des premiers temps. En 1895, il fait paraître : *De l'or, de la boue, du sang*, réflexions en marge de l'histoire ; en 1897, la deuxième série de *Mon vieux Paris*, puis divers volumes de mélanges, d'esquisses ; en 1901, *Figures de bronze et Statues de neige* ; en 1903, *Vieux portraits, vieux cadres*, un volume sur le XVIIIe siècle, coquettement illustré par Gaston Coindre.

Ainsi offre-t-il au critique une œuvre merveilleusement féconde et diverse, où il y a peut-être quelques vivacités à regretter et quelques injustices à déplorer, mais qui doit plaire par son harmonieuse ordonnance, par sa conviction même. Il exerce l'attrait d'une personnalité vigoureuse et vivante, et pour ceux-mêmes qui ne partagent pas toutes ses idées il est une de ces grandes figures d'énergie, comme on les aime en France.

II

L'HOMME

Un ami me racontait un jour qu'il avait connu au collège, puis au séminaire, un ecclésiastique, maintenant aussi notoire que démocrate ; notre homme, paraît-il, était pauvre, et ce qui lui était le plus pénible, c'était, à de certaines heures, de voir ses camarades manger des friandises ou d'appétissantes confitures, alors qu'il se contentait, lui, de pain tout sec. Il était celui qui n'a pas de confitures à mettre sur ses tartines ; c'est pour cela qu'il est devenu démocrate...

Edouard Drumont est le contraire de ce peu évangélique personnage. Son père, humble fonctionnaire et sans fortune, avait le goût des belles lettres, et pour son fils, de l'ambition ; il le fit entrer dans une pension aristocratique, et l'enfant, côtoyant des camarades très riches, très lancés dans ce qu'on est convenu d'appeler le « monde », ne fut jamais effleuré par ce sentiment honteux, cette haine peureuse et sournoise qu'est l'envie : il suffit pour s'en convaincre, de lire dans *Dernière Bataille* ses souvenirs de collège... Il est pourtant présenté par certains de ses adversaires et par tels qui seraient le plus qualifiés pour être de ses alliés, se résumer en un mot : la Haine... Cela est vrai en un sens ; mais sa haine n'est pas faite de mesquines questions personnelles : jalousies réprimées, espoirs déçus, orgueil blessé... Sa haine, c'est celle dont parlait Richelieu à son lit de mort, quand il disait : « Je n'ai jamais eu d'autres ennemis que ceux de l'Etat. » Et l'on sait que le Cardinal, avec cette sorte d'ennemis, ne plaisantait pas... Cette haine, c'est une colère généreuse, une flamme, une spontanéité toute populaire, — où il y a aussi de la méthode et de la réflexion, — contre les ennemis avérés de la Patrie, contre ceux, arrivistes ou arrivés, qui grugent le Peuple et le domestiquent...

Peuple ! Il l'est en effet de toute son âme et, ce qui est un peu différent, de tout son cœur. Il ne faut pas chercher plus loin le pourquoi de son influence.

Un Paul de Cassagnac représente dans le journalisme cette noblesse terrienne, qui a su se garder de toutes les compromissions et de tous les alliages. En lui survivent toutes les vertus aristocratiques, le génie de l'insolence, la science du geste, l'esprit et le panache. L'adversaire, quand il le touche, a presque toujours envie de lui crier : « Bravo ! » Et Guy de Cassagnac, continuateur des traditions paternelles, évoquant les fiers gentilshommes gascons de naguère, a raison de s'écrier :

... Nous portons au poing la plume de vos feutres
Et notre redingote a des airs de pourpoint ! (1)

Les blessures que fait Drumont sont un peu diffé-
rentes. Ce n'est pas la piqûre de l'escrimeur élégant,
qui touche où et quand il lui plaît. Je pense plutôt à
un corps à corps tragique, à une lutte au couteau,
sans trève et sans merci. Ce n'est pas un soldat que
sa fougue entraîne. C'est le brave homme, qu'on
vole, qu'on dépouille, qu'on persécute et qui use de
tous ses moyens pour flanquer dehors les scélérats et
les voleurs. L'ouvrier, le travailleur, tous ceux qui
ne peuvent jamais qu'obéir, sans jamais résister,
savent qu'il est des leurs, qu'il les comprend, qu'il
les défend ; ils mettent en lui leur confiance. Si le
sens de ce mot n'avait pas été perverti par de bas
politiciens, je dirais qu'il me rappelle ces tribuns de
la Rome antique, gens du peuple et désignés par lui,
pour lutter contre les factions patriciennes, contre
les menées audacieuses des grands.

Cette manière d'être nous apparaît ainsi sur la
question toujours délicate du duel. Quelques uns,
parfaits catholiques d'ailleurs et soumis à l'Église,
seraient tentés d'y voir un souvenir des temps
héroïques, un geste de fantaisie dans l'universelle
veulerie, une tradition très française de loyauté et de
courage. Il ne me paraît pas que Drumont sente

---

(1) *La Flandre Artiste,* janvier 1909.

ainsi la chose. Il est sensible surtout à ceci qu' « on peut viser très bien et raisonner très mal », et à propos du duel où Cavallotti, un des rares députés italiens qui se soient toujours montrés amis de la France, avait trouvé la mort, en mars 1898, il concluait : « J'ai pu succomber matériellement à la tentation ; je n'ai jamais péché contre l'esprit, discuté la doctrine, prétendu que j'avais raison ». Le duel n'est rien autre chose, pour lui, qu'une nécessité professionnelle.

D'ailleurs, avant que d'être un polémiste, Drumont est un philosophe. Les personnes, — et ceci n'est pas un paradoxe, — n'ont, à son point de vue, aucune importance ; elles le préoccupent peu ; les idées seules le retiennent. Il est vrai d'ajouter que ces idées s'incarnent généralement dans des personnes... Mais il est à remarquer que s'il attaque l'un ou l'autre, ce n'est pas au hasard des circonstances ; c'est suivant un plan nettement conçu, avec préméditation, en pleine maîtrise de soi. Lisez les passages les plus violents, les plus agressifs de son œuvre : vous y trouverez bien rarement un terme vif, une injure véritable. L'attaque chez lui est dans le fond plutôt que dans la forme : elle est en profondeur, non en superficie. Aussi, blesse-t-elle davantage.

Homme du peuple et homme de lettres, en deux mots, le voilà.

Du plébéien, il a l'énergie têtue, toute la virilité d'âme. Il sait qu'il faut compter surtout sur soi-même, et que dans la vie, dans la politique plus encore, les faibles, les hésitants, les timides sont infailliblement écrasés par les forts, par ceux qui osent. Il a tantôt cette gaieté résignée qui permet d'endurer les misères de chaque jour, tantôt cette impatience qui empêche le découragement ; il montre parfois une impétuosité brillante, mais plus souvent une sorte de bravoure tranquille et raisonneuse. On reste étonné de la sérénité qu'il y a dans cette œuvre de polémiste, et je ne puis me défendre d'aimer en lui cet empire sur soi-même, ce goût de l'effort, et de l'effort utile, cette sagesse réfléchie qui sont l'essentiel du caractère flamand.

Peuple, il l'est encore par son intuition de la vérité et de l'erreur, par son instinct à découvrir, sous les apparences fallacieuses, les réalités vivantes, en un mot par tout ce qui constituait le bon sens populaire, aux temps où le Suffrage Universel, en faisant le peuple roi, ne l'avait pas encore relégué dans le lointain exil où sont les Rois ! Il n'est pas dupe de toutes les sottises, de tous les sophismes dont la République, depuis trente ans, semble faite ! Et il montre bien, à propos de l'anniversaire de la fondation de la République, qu'il ne prend pas en considération « ces mots pompeux, ces formules retentissantes et emphatiques, dégonflées maintenant et usées comme des aérostats qui ont servi à cinquante solennités. »

C'est un type admirable de clairvoyance, d'intelligente volonté ; il sait comprendre et vouloir, deux choses qu'il n'est pas si fréquent de voir se concilier. Il réalise, en un mot, toutes les énergies accumulées d'une famille française. Édouard Drumont répète volontiers que nous sommes en décadence ; en vérité, j'ai peine à le croire, quand j'étudie le bel exemplaire de Français, qu'il est lui-même.

Nous retrouvons encore dans les questions sociales l'exacte perception qu'il a des réalités. Ce n'est pas le pédantisme niais des uns, la phrase redondante des autres, où les mots sonnent et sonnent creux. Il nous montre les appétits qui grimacent, les tares de celui-ci, les vilainetés de cet autre. Tout cela est d'un réalisme inexorable et puissant ; nous connaissons que, pour faire de la sociologie, il faut apprendre d'abord la difficile science du cœur humain, savoir observer les hommes et noter leurs passions, bien plus que consulter des textes et farfouiller dans des codes !

Les catholiques ont vu clairement l'intérêt des problèmes sociaux ; mais pour quelques-uns, dont l'œuvre est digne de celle d'un Le Play, combien d'autres dont le désolant aveuglement nous égare ! Il faut avoir fréquenté une Université catholique, il y a quelques années, à une époque où la vogue était au *Sillon*, sans discussion possible ni presque permise. Les petits collégiens, à peine émancipés, croyaient agir en hommes libres, en esprits larges et indépendants, en reniant tous les principes essentiels, en considérant comme vérités dûment établies toutes les rengaines, toutes les pleutreries de l'adversaire ! Et le malheur, c'est que beaucoup de professeurs avaient, eux aussi, cette mentalité : possédant une documentation abondante, une belle situation de fortune et de famille, ils pouvaient exercer une influence décisive sur le peuple, dont chacune de leurs leçons avait pour but de régler et d'ordonner la conquête. La vérité m'oblige à reconnaître que leur influence est peu considérable...

Pourquoi, dans ces écoles de sociologie, où les professeurs eux-mêmes sont quelquefois des écoliers, ne parle-t-on jamais de Drumont, de son œuvre qui est sociale, qui est politique aussi, au sens le plus noble du terme ; pourquoi ne pas étudier, ou, au moins, lire ses livres ? Avec eux, nous entrons dans la vie, ce ne sont plus seulement des théories qui se battent ; des hommes s'agitent. Nous n'élaborons plus des projets aussi savants que chimériques, dans la tiédeur confortable d'une Faculté ; nous ne perdons plus notre temps à formuler des désirs ; nous voyons à les réaliser.

Je crois que cela peut excuser quelques exagérations et quelques erreurs. Ceci, en tous cas, doit être su qu'il s'est attaqué aux seuls puissants du jour, à des gens très armés pour se défendre, et très décidés à se venger. Il l'a fait franchement, publiquement, sans aucun espoir d'être secouru, ni même remercié par ceux pour qui, tous les jours, il jouait son argent, sa liberté, sa vie. Il a porté très haut sa fierté de journaliste, qui défend les autres, se substitue à eux dans la bagarre quotidienne et reçoit les coups qui leur sont destinés. Tout cela sans qu'on lui en sache le moindre gré ; sa bravoure est de celles qui forcent toutes les sympathies : elle ne s'appuie sur aucun intérêt personnel. Cela encore doit lui être compté, et il dit vrai en écrivant : « J'aurai été certainement un de ceux qui, avec Veuillot, aurons aimé le plus profondément le Peuple, qui aurai eu l'âme vraiment peuple ».

Sa méthode, toute expérimentale, est celle d'un observateur. Ce n'est pas un théoricien : c'est un historien. Sans doute, il a des principes, des convictions, des idées *a priori,* même des préférences et des répulsions.

Mais il est possible de négliger tout cela, pour ne considérer que la portée objective de son œuvre. Elle se présente comme une mosaïque de petits faits, soigneusement choisis, juxtaposés avec ordre. De tous ces événements, souvent minuscules, et prestement contés, se dégage impérieusement une certitude.

Je le qualifiais de philosophe ; mais la philosophie de l'histoire n'est pas chez lui cet amalgame de lieux communs, où il entre très peu de philosophie et pas du tout d'histoire. C'est l'art de se documenter, de rechercher les faits significatifs, de noter les mille vétilles qui échappent aux investigations superficielles, et, ces matériaux rassemblés, de construire un ensemble harmonieux.

Très soucieux d'analyse exacte, il pousse ce souci jusqu'au goût de l'anecdote, jusqu'à la minutie : il écrira par exemple, 30 pages sur la fondation de la petite poste, au XVIIIᵉ siècle, par Piarron de Chamousset... Trop d'esprits soi-disants synthétiques se dispensent d'analyser les choses, dont la synthèse seule est digne de les intéresser !... C'est un plaisant contraste que de voir Drumont anecdotier savoureux et, l'instant d'après, hardi philosophe, maniant des idées abstraites et des généralités, avec une aisance parfaite... Ce n'est pas seulement un penseur ; il ne fait pas seulement de l'histoire ; il écrit aussi des histoires, même des historiettes, ce que Saint-Simon appelait des « courts-crayons. »

Historien, il ne conçoit pas l'histoire selon la formule académique : une recherche amusée de choses lointaines, une distraction intellectuelle, élégamment parfumée de mélancolie, d'imprécise nostalgie, avec, en guise de piment, quelques inoffensives méchancetés sur le temps présent... Toutes productions historiques qui ne font de tort à personne qu'aux personnages étudiés, mais que nous sentons tellement lointaines, tellement stériles !...

Lui, c'est en pleine époque contemporaine qu'il travaille ; il commente les événements et leurs causes profondes ; il met dans son œuvre du frémissement.

Il exerce ce qu'il définit très joliment : « la belle fonction de l'écrivain. »

Un trait achève de le peindre : c'est un indépendant. Il a l'âme de ces bourgeois de la Ligue qui, pour défendre la cause de l'Eglise, n'hésitaient pas, en de certaines occasions, à enfreindre sa loi. Homme d'ordre et de tradition, ami fidèle de toutes les gloires françaises et de toutes les fiertés nationales, catholique et pratiquant, ayant le sens et l'amour des hiérarchies, il a des mouvements de franchise, d'ironie frondeuse, de révolte indignée dont s'accommodent mal certaines personnalités influentes du parti de l'Ordre ; aussi, passe-t-il auprès de celles-là pour un révolutionnaire ; c'est l'ennui de dire toujours la vérité : on révolutionne souvent quelqu'un et on passe logiquement à ses yeux pour révolutionnaire.

La vérité est que Drumont s'est toujours montré très fermement attaché aux principes d'autorité, mais qu'il n'a jamais été un « homme à places ». C'est un franc-tireur : l'ennemi n'est pas disposé à lui faire quartier et l'armée régulière le trouve parfois compromettant ; nous savons d'ailleurs ce qu'il faut penser de l'armée régulière, elle a fait ses preuves!... Il n'a pas de part aux charges officielles, aux honneurs des partis. Et je ne dis pas cela en manière de louange, comme preuve de modestie ou de désintéressement : il n'a jamais cherché aucun titre, aucun honneur, parce que c'est son originalité, la raison de son influence, sa force enfin, que de n'en avoir aucun.

C'est un vrai journaliste : il a la vocation. Je commençais à le croire tout à l'heure ; maintenant, j'en suis sûr.

III

LE PENSEUR

« Être un artiste catholique, ce n'est pas drôle ! » J.-K. Huysmans, de qui est ce mot, a pu l'expérimenter. Mais journaliste catholique, quelle misère ! Edouard Drumont pourrait vous le dire.

Ce fut en effet un décourageant spectacle, en ces dernières années, que celui de cette opposition, éternellement dupe de l'ennemi, toujours prête aux pires concessions, sans audace, sans adresse, sans dignité !

L'inactif dégoût des uns, l'oubli total des principes, un entêtement maladroit chez d'autres, et partout des divisions, de perpétuelles querelles intestines ! Quelle inconséquence aussi : on peut chasser leurs prêtres, profaner leurs églises, faire subir à l'armée qu'ils aiment pourtant, les pires vexations, ruiner systématiquement la Nation, tous gémiront sur la dureté des temps, mais personne ne supprimera une fête, ou n'ajournera un bal ! Vous entendez de beaux sermons sur la puissance de la Presse, sur l'importance qu'il y a à avoir des journaux riches et prospères, mais l'abondance des dons n'égale pas celle de l'éloquence... On trouvera de l'argent tant qu'on en voudra, et même tant qu'on n'en voudra pas, pour d'intéressants Italiens, qui se sont toujours comportés envers la France et le Saint-Siège avec la correction que l'on sait ; s'il s'agissait d'une œuvre patriotique, exclusivement et utilement française, il n'y aurait pas, je le crains, un pareil zèle.

L'œuvre d'Edouard Drumont est un terrible réquisitoire contre certaine bourgeoisie contemporaine : pontifes radicaux ou pleutres de l'opportunisme, libertaires et libérâtres, faux libéraux de gauche et du centre, quelques niais aussi de la droite, qui semblent s'être donnés la mission de faire le jeu de l'ennemi, débris de ces partis « que l'on s'obstine à appeler conservateurs, bien qu'ils n'aient jamais rien pu conserver ». Il met en scène tout ce monde avec une crudité de tons, une habileté de contrastes qui impressionnent vivement et nous forcent à crier avec lui : « Ce sont des races finies : elles n'ont plus de sang dans les veines ! »

Il n'y a plus en France d'aristocratie ; c'est dans le peuple seul qu'on peut, par sélection, trouver les éléments nécessaires pour en reconstituer une. Il n'y a plus de Chef ; c'est le Peuple seul, plus attentif à ses intérêts primordiaux, qui peut faire cesser l'interrègne. C'est dans le Peuple français, venu à une plus claire vision des choses, à un désir plus impérieux de l'Autorité, mais c'est en lui seul que la France a lieu d'espérer.

Il a écrit sur la Révolution, « qui a une si large part dans la décadence de la France », et dont les idées, les principes, les hommes triomphent aujourd'hui, des pages définitives. Il se classe, dans l'histoire de la pensée française au XIXme siècle, à la suite de Bonald, de de Maistre, de Taine, de Le Play, de Veuillot, ces maîtres de la Contre-Révolution, qui n'ont cessé d'affirmer, au long d'un siècle d'erreurs et de méprises, l'éternelle vérité, politique et religieuse. Il a écrit là-dessus des pages rudes et mouvementées, où les vérités luisent comme des éclairs ; d'autres aussi, d'une ironie froide et persuasive, où il n'y a pas un mot qui choque, mais où chaque mot pénètre.

Écoutez, à propos de ces inexcusables voleries qu'étaient les achats de biens nationaux, ces réflexions, que je trouve dans la *Fin d'un monde* : « Les haussements d'épaules auxquels se livrent les conservateurs bourgeois et les clameurs d'indignation qu'ils poussent, dès qu'on discute le principe de la propriété, sont d'autant plus extraordinaires que la Bourgeoisie vit en grande partie sur la plus monstrueuse, sur la plus brutale, sur la plus sanglante expropriation que le monde ait jamais contemplée... »

Lisez aussi ses notes sur la guillotine ; il montre tous ces républicains, pleins de sensiblerie et ne parlant de la peine capitale qu'avec des trémolos dans la voix et des gloussements d'horreur ; et la République pourtant est née sur l'échafaud, elle a triomphé parce que la guillotine a fonctionné en permanence pendant des mois entiers, parce qu'elle a fauché des innocents, des femmes et des vieillards, parce qu'elle a fait, rien qu'à Paris, plus de 2.000 victimes !

Tout cela n'a rien de réconfortant, et c'est une des raisons de son pessimisme, qui n'est pas du découragement. Il dirait volontiers, comme Saint-Paul : « Il faut espérer contre toute espérance ».

C'est un piquant contraste que de voir ce grand batailleur, le héros de tant de luttes et l'auteur de tant de livres indignés, apparaître ailleurs en désabusé, en observateur triste et presque résigné, se contentant de noter avec impartialité, avec ténacité, toutes les causes de tristesse de l'heure présente. Il se plaît alors aux douloureuses prédictions ; il parle de décadence nationale ; il ne voit, en perspective, rien de réconfortant ; l'avenir pour lui est constellé de points noirs.

J'ai trouvé, là-dessus, une curieuse notation d'une grande douceur mélancolique ; c'est dans *Vieux portraits, Vieux cadres*, un livre « de délassement et de demi-teinte », paru en 1903 ; il parle de ceux qui représentaient au XVIIIe siècle les principes d'ordre, qui étaient ce que Le Play appelle les « autorités sociales ». — « Ils avaient tous, dit-il, d'inextinguibles tendresses pour ceux qui devaient leur couper le cou ; ils ne détestaient que les convaincus, d'ordinaire fort pauvres, qui s'obstinaient à combattre pour l'ordre et à se dévouer pour la vérité... C'est un sentiment qui s'est perpétué et que constateront à leur tour tous ceux qui dans une centaine d'années, publieront d'autres « Portraits et vieux cadres ».

Et puis parmi ses compagnons de lutte, les plus fougueux, les plus déterminés, que de défections aussi ! Quelques-uns ont évolué, et l'on sait qu'en politique, le mot « évolution » n'est qu'un euphémisme courtois. D'autres, de qui la France attendait mieux, sont décidément de ces gens qui vibrent toujours, mais surtout en paroles. D'autres encore, que nous aurions pu vénérer sans restriction, ont, sous prétexte de fidélité religieuse, forfait à toutes leurs convictions politiques, comme si le catholicisme et la France n'avaient pas toujours eu une même discipline morale !

Il nous faut admirer, — et d'autant qu'elle est devenue peu commune, — la parfaite unité, la trame logique et ininterrompue de l'œuvre d'un Drumont. Il écrivait déjà, en 1879, dans *Mon vieux Paris*, cette phrase : « L'étranger a fait souvent la mode dans nos murs ; quelquefois même il a fait la loi ; mais nos pères seuls ont fait l'histoire. » Elle est le commentaire de cette devise qui est celle de toute sa vie : « La France aux Français ! »

Ce pessimisme est loin d'être aussi absolu que j'ai paru l'indiquer. Il aime rappeler que si les chefs militaires avaient montré plus d'énergie civique, plus d'initiative, les choses auraient mal tourné pour Israël, et il ajoutait un jour : « Qu'est-ce qui dit que cette situation ne se représentera pas sous une autre forme ? Qu'est-ce qui dit que, moi une fois mort, un socialiste pour de vrai, un plébéien d'ancienne famille française comme moi, ne reprendra pas mon œuvre et ne la fera pas triompher ? »

Une autre fois, à propos du drame de Fourmies où le misérable sous-préfet Isaac fit tuer, par sa négligence d'abord, par son manque de courage ensuite, une dizaine d'ouvriers français, il écrit : « Le résultat final sera probablement celui que j'ai souvent prédit.

Le Juif, qui est devenu notre maître en faisant battre les Français entre eux, verra un jour tous les Français se réconcilier sur sa peau. »

Et son opinion exacte sur l'état actuel du pays, il l'exprime, je crois dans *De l'Or*, en ces termes : « Rien ne peut empêcher le cataclysme imminent, mais peut-être après le cyclone sera-t-il possible aux natifs de se grouper, pour reconstituer une vraie France, d'où seront rigoureusement éliminés les éléments dissolvants : les Juifs et les Cosmopolites. »

On trouvera dans la *France juive* un exposé très circonstancié et impressionnant de la question juive à travers l'histoire. On y verra clairement que la religion n'a jamais eu aucune part aux mesures qui ont frappé les juifs, et que l'antisémitisme n'est, en aucune manière, une œuvre religieuse.

D'excellentes personnes croiraient commettre une mauvaise action en serrant la main à un Juif : péché peu grave en somme dans l'état de notre civilisation ; et ces personnes dans les milles circonstances de la vie publique et de la vie commerciale font très souvent le jeu non d'un Juif, mais ce qui a plus de gravité, du parti juif, de l'idée juive. C'est qu'aussi, et malheureusement, la question est un peu plus complexe qu'elle ne leur semble !

La voici très fortement définie : « Il y a là une véritable conquête, une mise à la glèbe de toute une

Il y a eu une véritable conquête, une mise à la
glèbe de toute une nation par une minorité infime mais
cohésive. On retrouve ce qui caractérise la conquête : tout un
peuple travaillant pour un autre qui s'approprie par un
vaste système d'exploitation financière le bénéfice
du travail d'autrui. Les immenses fortunes juives, les
châteaux, les hôtels juifs ne sont le fruit d'aucun labeur
effectif, d'aucune production ; ils sont le prélèvement d'une
race dominante sur une race asservie —

Édouard Drumont

nation par une minorité infime, mais cohésive...
On retrouve ce qui caractérise la conquête : tout un
peuple travaillant pour un autre qui s'approprie, par
un vaste système d'exploitation financière, le bénéfice du travail d'autrui. Les immenses fortunes juives,
les châteaux, les hôtels juifs ne sont le fruit d'aucun
labeur effectif, d'aucune production ; ils sont la
proélibation d'une race dominante sur une race
asservie. »

Il n'y a guère dans l'antisémitisme de Drumont que
des faits, nettement et minutieusement rapportés,
et dont les conséquences s'imposent. Il y a du rai-
sonnement, de la raison et très peu de sentiment. Le
seul argument d'allure sentimentale qu'on y puisse
relever et dont l'importance est minime (je l'indique
ici par scrupule d'exactitude), est le chagrin qu'il
éprouve de voir des Juifs « installés en maîtres dans
les châteaux historiques qui évoquent les plus glorieux souvenirs de la vieille France : Rothschild à
Ferrières et aux Vaux de Cernay, dans l'abbaye fondée
par Blanche de Castille; Hirch, à Marly, à la place de
Louis XIV ; Ephrussi, à Fontainebleau, à la place de
François Ier... »

Mais le mal est plus profond. Si la « France juive »,
en 1886, a été une révélation, l'ennemi, enfin démas-
qué, a mis en ligne toutes ses forces ; nous avons eu
l'Affaire Dreyfus, et maintenant nous savons à quoi
nous en tenir...

Or (je crois bien, en parlant ainsi, exprimer la mentalité des générations nouvellement nées à la vie politique), nous ne méditons contre les Juifs, individuellement considérés, aucune vengeance, patiemment et sournoisement perpétrée. Nous ne voulons nullement persécuter et proscrire un individu, parce que Juif, en faire juridiquement une victime... Ceux qui nous prêtent ces désirs renversent impudemment les rôles. Ce que nous ne voulons pas, à aucun prix, et dussions-nous en périr, c'est qu'un individu, *parce que Juif et rien que pour cela*, viole impunément toutes les lois du pays, se mette hors la loi et au-dessus d'elle ; que sa seule qualité d'israélite, sans qu'il soit jamais question de mérite ou simplement du bien public, lui confère tous les droits et tous les passe-droits ; et que les Juifs, enfin, s'emparant des mots de Liberté, d'Egalité, de Fraternité, ne s'en servent pour berner et pour exploiter ce peuple français, dont nous sommes...

L'insolence juive, nous en avons eu, nous autres, dont les impressions étaient neuves et plus vives, de telles preuves, si indiscutables et d'un tel cynisme, qu'il nous semble impossible à toute intelligence française de penser autrement... Nous avons vu, par deux fois, à Paris et à Rennes, un officier condamné pour trahison par d'autres officiers ; rien ne nous autorise à douter de la loyauté, de l'impartialité, de l'honneur de ces officiers, et il suffit d'avoir fréquenté un peu les conseils de guerre pour connaître le souci de documentation, les scrupules, l'esprit de justice de ces juges improvisés. Renvoyé par la Cour de Cassation devant un deuxième Conseil, après une campagne abominable contre l'armée, après avoir corrompu la Presse, soudoyé des politiciens, insulté toutes nos vénérations traditionnelles, Dreyfus est une seconde fois condamné. Et le revoici devant la Cour de Cassation ; et nous voyons cette chose monstrueuse, à peine croyable, que la première juridiction du pays, autrefois si respectée, donne à un texte de loi un sens contraire à toute sa jurisprudence, contraire au texte même de la loi ; elle lui donne une interprétation que, sept ans auparavant, dans des conditions identiques, elle déclarait illégale. Elle n'hésite pas à fausser la loi, pour réhabiliter un traître deux fois condamné légalement... Tout cela parce qu'il s'appelle Dreyfus, *parce qu'il est Juif*.

Tout cela nous paraît évident, mais c'est à Drumont que nous devons cette évidence. Si les événements ont pris cette physionomie, si nous savons où est l'ennemi, quels sont ses effectifs et ses moyens de défense, c'est parce que la *France juive* a montré le péril, parce que Drumont a crié tout haut et très haut, ce que quelques initiés osaient à peine chuchoter à voix basse.

C'est un premier résultat ; il est loin, sans doute, d'être décisif, et il faut en espérer d'autres. La gloire d'Edouard Drumont n'en est pas moins d'avoir, par la seule force de sa pensée, rien qu'avec sa plume de journaliste, sauvé la France, en arrachant le masque d'erreur et de honte dont on prétendait l'affubler.

Il a fait une œuvre de déblaiement et préparé les revanches nécessaires.

IV

L'ÉCRIVAIN

Il a donné au métier de journaliste une singulière ampleur. Que de bons journalistes n'ont jamais été que des chroniqueurs frivoles, d'éblouissants faiseurs d'esprit ! Nous savons, sous leur dilettantisme pailleté, sous la verroterie de leurs phrases, quelle pénurie d'âme, quelle disette d'idées sont les leurs ! A d'autres il paraît nécessaire, pour aborder ce qu'on appelait au XVIIe siècle les « grands sujets », d'étaler les grosses bêtises, les ineptes railleries, le scepticisme en toc, où se spécialisait ce pauvre homme qu'était Harduin !

Édouard Drumont joue dans le journalisme le rôle qui a été celui, pendant quarante années, de Louis Veuillot, un rôle qu'il laissera, je le crains bien, sans titulaire... C'est, qu'en effet, on n'a plus guère le temps de réfléchir aujourd'hui. On court aux informations, on parcourt les nouvelles. Et puis on se gave de littérature frelatée; on se passionne pour des faits-divers, pour des crimes de quinzième ordre ; ou bien on organise des fêtes mondaines. On est badaud, ou, pour être « chic », on est snob ; les préoccupations nationales ont peu de part à ces états d'âme. Comment pourrait-on penser aux intérêts essentiels du pays : on a si peu de loisir !

Drumont possède l'art difficile de présenter les faits clairement, très précisément, sans mots inutiles, avec une brave, saine et méthodique brutalité, en un raccourci saisissant. Il sait choisir ce qui impressionne le plus immédiatement le lecteur, ce qui lui entre droit dans l'esprit. Il y met une habile progression, alternant le badinage avec l'indignation, de telle sorte que, lorsqu'il arrive à conclure, le lecteur s'est fait, l'instant d'avant, sa conviction : c'est de toute première force ; car le difficile n'est pas de persuader : c'est d'avoir l'air de se laisser persuader soi-même.

Ses articles, écrits dans la hâte de chaque jour et d'inégale valeur, sont souvent des chefs-d'œuvre du genre. A propos d'événements de peu d'apparence, ils posent de graves problèmes ; les idées se pressent ; des évidences surgissent. C'est comme une fenêtre ouverte, dans la lourde et changeante atmosphère de la politique, sur le monde de la Vérité immuable...

Dans l'article quotidien et dans ses livres aussi, le goût de l'anecdote le sert admirablement, en alléchant la curiosité, en forçant l'attention. L'anecdote revêt chez lui des couleurs pittoresques et séduisantes ; les antithèses sont bien ménagées, créant dans toute cette tragi-comédie, un élément précieux de comique ; le style, généralement très simple, a des vulgarités opportunes, du meilleur aloi.

C'est dire que cette œuvre a deux qualités, qui ne sont que trop rarement en harmonie ; elle plaît, tout en donnant à penser ; elle amuse et elle instruit.

OPINIONS

Édouard Drumont a posé sa candidature à l'Académie Française, au fauteuil laissé vacant par la mort de M. Victorien Sardou : La Presse n'a, en effet, depuis de longues années, aucun représentant à l'Académie. Les journaux de Paris et de province ont, sans distinction d'opinion, annoncé et commenté avec bienveillance cette candidature. Nous reproduisons, à titre documentaire, des extraits des articles les plus caractéristiques.

L'Action Française :

C'est cet érudit, ce rêveur, cet amoureux profond de la France et de tout ce qui, au cours des âges, fit sa splendeur et sa noblesse ; c'est, dirai-je, ce nostalgique que l'Académie tiendra à honneur d'accueillir. Il y a au-dessus de la mêlée quotidienne, de ses passions ardentes, de ses nécessités, une zone philosophique où les choses et les gens prennent leurs proportions réelles, et qui participe, par sa calme lumière, à l'apaisement de la postérité. Malgré sa vigueur toujours jeune, et sans doute parce que cette vigueur est foncière, Drumont a conquis cette situation privilégiée. Les adversaires de ses idées ne contestent plus son génie. Ceux qui lui accorderont leurs voix — j'entends, parmi ceux-là, les plus timides — n'ont pas à craindre d'avoir l'air d'accomplir un acte de guerre. Ils consacreront une gloire vivante et nationale qui, en retour, leur prêtera ses feux.

L'Autorité :

..... Nous voyons dans l'accueil que vous fera, à n'en pas douter, l'Académie, la juste réparation qu'elle doit au pays pour tant de complaisances mondaines. — « Quel rôle magnifique, écriviez-vous, dans la *France juive*, eût pu jouer cependant l'Académie : représenter dans ce naufrage général, le respect de tout ce qui avait constitué la vieille France, encourager de son approbation, grandir de son suffrage ceux qui étaient fidèles à un généreux idéal et, pour dire d'un mot, être française ! »

Eh bien, c'est cela évidemment qu'elle s'apprête à être et il est temps qu'elle le soit un peu.

Et c'est pourquoi je crois répondre à votre pensée secrète en protestant contre le travestissement qu'on cherche déjà à vous infliger dans les milieux spéciaux où s'apprête la cuisine des candidatures académiques.

On s'efforce de séparer en vous le journaliste du philosophe et de l'artiste, et l'on s'en va murmurant : « Ce n'est pas le polémiste, ce n'est pas l'homme qui, tous les jours, jette en pâture à la foule une pensée nouvelle jaillie de son cerveau que nous allons élire, ce n'est pas l'auteur de la *France juive*, c'est l'écrivain charmant de *Mon vieux Paris,* c'est l'érudit et l'historien des *Fêtes nationales.*

Eh bien, non, mon cher Maître, nous ne permettrons pas cela, car votre élection, c'est notre revanche, à nous journalistes, c'est notre gain, à nous, conservateurs.

Ce n'est pas au son de cette musique-là que vous devez entrer à l'Académie ; c'est avec la grande fanfare, où il y aura du tambour et des clairons : tant pis pour les poltrons !

.... Vous avez dit, un jour, il n'y a pas très longtemps : « Guy de Cassagnac vient d'écrire un article contre l'Académie française, et cela m'a amusé, parce que, tous, nous avons débuté dans le journalisme par un article contre l'Académie française ».

J'en sourirai peut-être aussi un jour, lorsque j'irai vous demander votre voix, dans trente ans d'ici ; en attendant, il faut crier bien haut que votre élection ne constitue pas une dette vis-à-vis des dreyfusards, mais qu'elle est le paiement d'une dette vis-à-vis des amis de la France et des lettres françaises.

Guy DE CASSAGNAC.

La Croix :

... Nous ne saurions laisser un de nos confrères partir pour une bataille, fût-elle académique, sans l'accompagner de nos vœux.

Les conflits d'opinion qu'il souleva, loin d'affaiblir ses titres aux suffrages de l'illustre assemblée, ne peuvent que les rehausser aux yeux d'une assemblée qui recherche impartialement, en dehors et au-dessus des luttes ardentes, sans mémoire de leur froissement et sans souci de leur retour, les mérites littéraires, les connaissances historiques, les vies droites, les pensées élevées et les inspirations patriotiques.

Gil Blas :

... Aussi bien, si M. Maurice Donnay n'avait pas écrit le *Retour de Jérusalem*, l'auteur de *La Patronne* n'eût pas été appelé si tôt à représenter l'art dramatique dans une assemblée à laquelle manquent encore M. Georges de Porto-Riche ou M. François de Curel.

M. Édouard Drumont a du talent; il a fait œuvre d'historien ; il a inventé l'antisémitisme, qui est une chose excellente pour les Juifs. Il a montré, durant toute son existence, du courage, de l'indépendance et une parfaite dignité professionnelle. Si l'on se place au point de vue purement littéraire, il a des titres qui le rendent tout à digne de l'honneur qu'il ambitionne.

Pierre MORTIER.

Le Jaune :

Edouard Drumont se présente à l'Académie, au simple titre de journaliste et d'écrivain aimable. Et évidemment, le romancier qu'il fut, le sage historien si agréablement badaud du « Vieux Paris », aurait des droits à s'asseoir sous la coupole ; mais je n'aime pas à couper les gens en quatre, et, ce qui m'intéresse le plus en Drumont, c'est encore Drumont tout entier, c'est-à-dire quelqu'un qu'on ne peut ranger sous aucune rubrique spéciale, un écrivain, un penseur, un journaliste, qui a pensé, écrit, agi dans des conditions exceptionnelles, déterminées par sa nature d'esprit.

Son œuvre est à la fois une, éparse et étrangement vivante. Je serais tenté de dire qu'il l'a écrite dans nos cerveaux, tout pleins maintenant de ses idées et refaçonnés par lui. Cette œuvre, cette pensée est tout entière dans chacun de ses articles, dans chacune de ses phrases même ; mais il a fallu des années pour que cette belle lumière pénétrât les esprits complètement. C'est un admirable flambeau, à la lueur duquel tout notre temps complexe se précise et devient clair.

Alfred Poizat.

Le Matin :

...Ne me traitez pas de sale clérical : je ne suis ni plus clérical, ni plus sale que vous. Mais j'estime que Drumont doit être de l'Académie, parce qu'il a beaucoup de talent. Il a écrit des livres délicieux sur Paris et, ne bondissez pas, il a défendu les idées qui sont les siennes avec une éloquence, une ardeur, un art que personne ne songe à lui nier. Dites ce que vous voudrez : c'est un grand journaliste.

(Propos d'un Parisien).   Clément Vautel.

4

La Patrie :

... Tous les lettrés, sans distinction d'opinion, souhaiteront ardemment qu'il soit élu. Drumont appartient à la grande race des écrivains français qui pensent fortement et écrivent clairement. L'Académie s'honorera en consacrant le grand talent de notre éminent confrère, que reconnaissent et admirent ses adversaires politiques eux-mêmes.

Émile MASSARD.

Le Peuple Français :

... Si l'Académie veut un journaliste, il en est un qui s'impose et dont la maîtrise incontestable dictera une trêve littéraire aux combattants de tous les partis. C'est Édouard Drumont, polémiste admirable, qui demeure avec Louis Veuillot, le maître du journalisme contemporain ; mais aussi, mais surtout un grand écrivain, un grand artiste.

Les plus beaux articles de Drumont sont ceux où sa bonhomie enjouée, limpide, se donnant libre carrière, il évoque le passé historique de la France qu'il connaît si parfaitement, ce vieux Paris auquel il tient par toutes les fibres du souvenir, les larges paysages de la terre natale, ces grands bois dont il aime à respirer les saines effluves et dont chaque année, dans un article attendu, il se plaît à nous donner la description automnale, toujours vivante et toujours variée.

L'Académie est, dit-on, la dernière citadelle de la tradition nationale et de l'Esprit français. Qu'elle ait le bon goût et le courage d'ouvrir toutes grandes ses portes à Drumont.

Ils sont là, plusieurs vaillants écrivains, fils de la vraie France : qu'ils s'arrangent pour abaisser le pont-levis et désarmer, s'il y a lieu, la résistance un peu boudeuse qu'il n'est pas téméraire de prévoir de la part de certains représentants du parti des ducs — pas de tous — car les catholiques avant tout n'hésiteront pas, oublieux de ses boutades, à voter pour Drumont.

Henri Bazire.

La Dépêche, de Lille :

... Drumont est un bon haïsseur : *good hater*, comme disent les Anglais. Il a ramassé sur les marches du temple les lanières dont le Maître se servit jadis, et il s'en sert à son tour et elles sifflent rudement au bout de sa main. Il a retenu, pour les Pharisiens du jour, quelques-unes des épithètes cinglantes qui furent évangéliques à un moment donné, et cela fait dans l'air une belle clameur d'invectives.

Ed. Drumont se trouvait mêlé au monde de la politique, de la presse et de la finance. Un beau jour, il s'aperçut que ce monde-là ressemblait pas mal à un marché. On y achetait tout ce qui se vend ; on y vendait tout ce qui s'achète. Il constata d'inexplicables capitulations de consciences, d'énigmatiques complaisances, de louches manœuvres, une foule de faits qui supposaient quelque force ténébreuse, invisible et présente, maîtresse des volontés et des actes. Il voulut se rendre compte, avoir le mot du mystère. Il s'enferma donc avec ses dossiers de documents. Il étudia, il chercha, il réfléchit. Il fut un moment ce petit bonhomme aux yeux de braise, toujours inquiet et fureteur qui s'appela jadis Saint-Simon, et qui écrivit une histoire sur Louis XIV qui ne ressemble pas. au *Journal de Dangeau*. Et la vérité lui apparut. La vie contemporaine est un théâtre : il vit qu'Israël occupe le trou du souffleur. Elle est une foire : il vit qu'Israël en accapare tous les comptoirs. Elle est une bataille : il vit qu'Israël est dans tous les camps, soudoie les chefs et organise les campagnes. Elle est un effort infernal contre nos traditions françaises et catholiques : il vit Israël commanditer les journaux, crier les mots d'ordre, claironner les assauts et extraire du Talmud les textes de loi qui doivent gouverner la vie française. Il vit des ruines ; il assista à des sacrilèges, à des profanations, à l'hécatombe de nos libertés et de nos honneurs séculaires. Cela lui crevait les yeux ; il était sûr de toucher le grand secret de l'histoire...

Alors ? Que faire ? Deux attitudes s'offraient à lui. Vous connaissez peut-être une fameuse estampe de Peter Brueghel. Une maison brûle ; le maître essaie de sauver quelques meubles et quelques hardes. On le voit qui escalade sa fenêtre, à travers les flammes, le dos chargé de paquets énormes. Et sur le seuil, un passant s'arrête, prend un siège, s'installe commodément et ne trouve rien de mieux à faire que de se chauffer au brasier, de l'air le plus tranquille du monde. Drumont aurait pu être ce passant olympien. Il préféra crier : « Au feu ! », sonner le tocsin et jeter dans la nuit rouge un immense cri d'alarme.....

C. Lecigne.

L'Express du Midi :

Plus on s'accoutume à considérer l'Académie française comme une sorte de séjour élyséen où se réunissent et devisent les derniers représentants d'une société jadis si vivante, si délicate, si fine, et maintenant engourdie dans une atmosphère rappelant les vapeurs d'une fumerie d'opium, plus on est surpris de n'y pas rencontrer M. Drumont.

Nous ne savons s'il existe, dans notre pays, un homme ayant accompli une œuvre égale à la sienne. Depuis quarante ans, les savants ont fait d'admirables découvertes ; les conditions de la vie se sont transformées ; la distance n'est plus qu'un mot ; les éléments de la matière nous livrent tous les jours un de leurs secrets. Pas un chimiste, cependant, pas un chirurgien, pas un biologiste, pas un électricien n'a plus fortement imprimé son nom dans l'histoire de son temps que ne l'a fait M. Drumont au moyen de la *France juive* et de la *Libre Parole,* ces deux créations maîtresses de son âme et de son grand talent.

Julien DE LAGONDE.

La Gazette du Centre :

... Cet amer satiriste n'est point un Jonathan Swif bilieux et féroce ; ses colères ne sont pas le bouillonnement d'un cœur fermé à la miséricorde et à la pitié. S'il frappe, s'il maltraite tant de gens, Aryens ou Sémites, c'est afin de les affranchir de la servitude. Le langage élevé de notre ami écarte toute arrière-pensée vindicative ou rancunière. Rien n'est bas ni mesquin dans cette semonce. Pas un mot n'y subordonne la haine bête. Même quand il agite ses lanières, Drumont garde la tenue et le ton, non d'un vil tortionnaire, mais d'un juge. Les esprits bas peuvent seuls s'effaroucher des austères vérités que disperse à tous les vents la *France juive*. Mais tous les cœurs hauts sont avec ce « bon sergent de Jésus-Christ » et lui savent gré de sa vaillance.

Oscar HAVARD.

De Léon Daudet :

Je considère Édouard Drumont comme le premier écrivain de ce temps. Il est littérairement de la taille de Balzac. En outre, en révélant aux Français le rôle funeste de la race juive, il a annoncé et préparé la fin du pire des régimes, la République, et la délivrance de son pays.

De Jules Lemaître :

Drumont est un grand journaliste et un grand historien. Et c'est un des écrivains qui ont le plus pleinement connu la joie d'agir sur les esprits.

D'Urbain Gohier :

Je regarde Édouard Drumont comme un grand journaliste au sens où l'on entendait le mot quand régnait le journalisme d'idées, quand la presse appartenait aux écrivains.

Je n'ajoute rien à cet éloge, qui le renferme tous aux yeux du journaliste que je suis moi-même.

Et je regarde l'œuvre de Drumont comme une œuvre de clairvoyance et de courage. C'était le jugement du parti socialiste aussi bien que des partis conservateurs, avant que les socialistes fussent asservis à la finance juive. Pendant l'affaire Dreyfus, alors que Drumont combattait dans un camp et moi dans l'autre, je ne l'ai jamais attaqué, j'ai toujours refusé de l'attaquer, parce que — me séparant de lui sur d'autres questions — je sentais la nécessité de son effort contre la conquête juive.

Si l'Académie accueille Édouard Drumont, elle se relévera un peu dans l'estime des hommes de lettres.

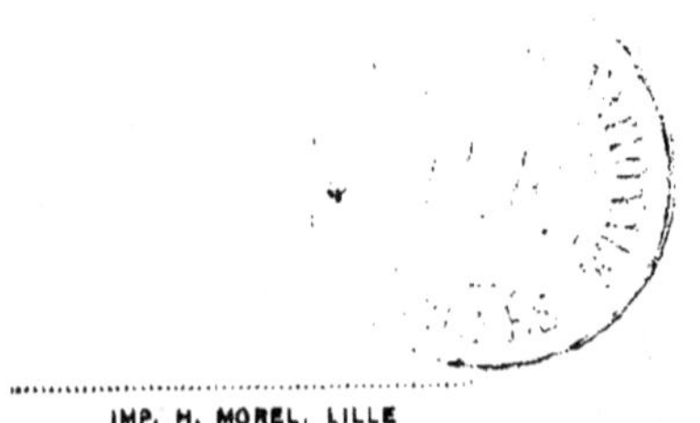

IMP. H. MOREL, LILLE

www.ingramcontent.com/pod-product-compliance
Lightning Source LLC
LaVergne TN
LVHW021810170726
843503LV00007B/3138